cidre de frêne

METHODE RAPIDE CONSEILLÉE ECONOMISANT LE TEMPS DE LA MENAGERE.

Pour 120 litres de boisson, soit un flacon de 150 ml.

1) Faire fondre 4 kg de sucre dans un peu d'eau tiède.

2) Délayer le flacon dans 1 litre d'eau tiède.

3) Délayer 100 g de levure de pain fraîche dans un peu d'eau tiède (pas plus de 30°).

4) Verser les 3 mélanges dans un fût, bonbonne ou tout autre récipient. Faire l'appoint en eau. Brasser énergiquement

5) Mettre directement en bouteilles munies de fermeture mécanique, boucher et laisser fermenter une dizaine de jours.

OBSERVATIONS IMPORTANTES

N'employez que de la levure fraîche de boulangerie ou de cidre ou de brassage . Les levures sèches ou les LEVURES CHIMIQUES pour la pâtisserie, NE DONNENT AUCUN RESULTAT.

Délayer la levure dans de l'eau tiède, ne faisant pas plus de 30 degrés, car le ferment se trouve tué à partir de 40 degrés et votre préparation ne fermenterait pas.

Le dépôt qui se produit souvent dans le flacon de FRÊNETTE n'altère en rien la qualité, et ne change pas la préparation. Bien agiter avant l'emploi.

Vous obtiendrez une boisson plus corsée en employant 5 à 6 kg de sucre au lieu de 4 et en doublant la dose de FRÊNE.

Vin de sureau

Temps de préparation : 15 minutes
Temps de cuisson : 0 minutes

Ingrédients (pour 2 litres) :
- 2 l de vin rosé, blanc ou rouge à 12° mini
- 12 fleurs de sureau ou "ombelles" (6 par litre)
- 40 cl d'alcool de fruit (1 verre par litre)
- 300 g de sucre (150 g par l)

Préparation de la recette :

A prévoir :
- bouchons en liège
- bouche bouteille solide
- cire (pas obligatoire)
- local frais
- linges pour filtrer
- entonnoir

Préparation :

Choisir 6 belles fleurs (ombelles) par litre de vin.
Elles doivent être bien épanouies, mais non passées (ne pas utiliser les premières fleurs de la saison). La cueillette se fera de préférence le matin de bonne heure.
Attention aux insectes qui vivent dans les fleurs.
Les mettre à macérer dans le vin pendant 48 heures dans un récipient pouvant être fermé non hermétique.
Les fleurs remontent en surface : il faut les pousser vers le fond de temps en temps pour mélanger.
La macération se fait dans un local frais (cave...)
Après 48 heures : retirer les fleurs en les pressant fortement à la main pour en extraire le jus.

Filtrer 3 fois avec les linges.
Mélanger le vin filtré avec le sucre et l'alcool de fruit.
On peut utiliser plus de sucre suivant ses goûts.
Mettre en bouteille et boucher. Cacheter si on veut.
On peut goûter une ou deux semaines plus tard, mais le sucre se transforme en alcool en bouteille, le goût se transforme au fil des mois. Ce vin est à boire dans l'année, mais peut éventuellement être conservé un peu plus longtemps.

Quelquefois, il devient pétillant, cet effet provient de la fermentation du dépôt dans la bouteille, il est incontrôlable.

Conserver le vin au frais à la cave.
Il reste toujours un dépôt après les filtrage, ce n'est pas grave ! Ce pollen donne du goût, il faut d'ailleurs le mélanger dans la bouteille avant de servir très frais. Ce dépôt rend le vin blanc trouble, c'est pourquoi il est préférable d'utiliser du rosé.

Je préfère par ailleurs le rosé au rouge car il fait plus ressortir le caractère du sureau, mais c'est une question de goûts…

Vin de rhubarbe

Temps de préparation : 180 minutes
Temps de cuisson : 0 minutes

Ingrédients (pour 4 bouteilles) : - 6 kg de rhubarbe
- 2 litres d'eau de source
- 6 kg de sucre semoule

Préparation de la recette :

Cueillir la rhubarbe fraîche.
Couper à 1 cm des feuilles (que vous jetez) et à 5 cm du pied.
Si vous désirez un vin incolore, épluchez les tiges. Si vous désirez un vin vert, coupez la partie rouge de la rhubarbe.
Coupez les tiges en petits dés de 1 à 2 cm, comme pour une tarte.
Pesez (partons sur une base de 6 kg de fruits ainsi travaillés).
Mettez en tonneau.
Afin de faire rendre le jus à la rhubarbe, ajoutez la moitié du poids en sucre semoule (ici, 3 kg, mais cela peut être plus ou mois selon que vous désirez un vin

plus ou moins sucré selon vos goûts, l'expérience vous le dira).
Couvrez (sans fermer) le tonneau pendant 3 à 4 jours en remuant 3 fois par jour.
Récupérez le jus à travers une passoire. (ici, nous obtenons environ 4 Litres de jus)
Si vous désirez obtenir un vin trouble avec pulpe, vous pouvez mouliner les fruits.
Mettez le jus obtenu en bonbonne et complétez avec 1/3 de poids de fruit initial en eau de source (ici, 2 Litres)
Ajoutez 1/3 de poids initial de sucre semoule (ici, 2 kg).
Evidemment, ces quantités varient en fonction de vos goûts!
Couvrez légérement, mais ne surtout PAS FERMER la bonbonne.
Laissez fermenter (3 mois environ) en agitant tous les soirs et en écumant.
Mettez en bouteille en siphonnant le vin par le haut.
Si vous désirez un vin pétillant, mettez en bouteille LEGEREMENT AVANT la fin de la fermentation afin que celle-ci se termine dans la bouteille. (vous pouvez mettre l'équivalent d'un demi petit-pois, et surtout pas plus, de sucre candy en fond de la bouteille afin de favoriser la formation des bulles).
ATTENTION, prenez du verre épais, comme une bouteille de champagne, sinon vous risquez de voir celles-ci exploser dans votre cave et tout le bon vin s'écouler par-terre !
Régalez-vous bien.

VIN de NOIX

Temps de préparation : 30 minutes
Temps de cuisson : 0 minutes

Ingrédients (pour 3 litres) :
- 40 noix vertes (cueillies vers le 14 Juillet)
- 4 clous de girofle
- 1 litre d'eau de vie de fruits (ou 50 cl d'alcool à 90°C + 50 cl d'eau)
- 1 kg de sucre en poudre (1,2 kg si on préfère + sucré)
- 4 litres de vin rouge

Préparation de la recette :

2 mois macération+1 semaine
Couper les noix en 4 , les mettre dans un bocal d'au moins 2 litres ou dans une bonbonne avec les clous de girofle et l'eau de vie.
Laisser macérer 2 mois.
Ajouter le vin rouge et le sucre et laisser macérer 1 semaine en remuant pour bien dissoudre le sucre.
Mettre en bouteilles. Tenir au frais.
Attendre 1 an avant de le boire.

Vin aux feuilles de noyer

Temps de préparation : 30 minutes
Temps de cuisson : 0 minutes

Ingrédients (pour 4 litres) :
- 250 g de feuilles de noyer (bien propres)
- zeste d'<u>orange</u> amère
- noix de <u>muscade</u>
- 1/2 litre d'eau de vie
- 1 kg de <u>sucre</u>
- 4 l environ de vin blanc ou rosé

Préparation de la recette :

Prévoir 45 jours + 6 à 7 semaines
Hacher les feuilles de noyer. Ajouter le zeste, la noix de muscade et l'eau de vie. Les feuilles doivent baigner entièrement dans l'alcool.
Laisser infuser 45 jours.
Prendre une bonbonne ou un récipient pour une contenance de 5 litres. Y mettre l'extrait obtenu (sous les feuilles) avec le sucre et le vin.
Laisser macérer suffisamment longtemps en remuant de temps en temps. Au bout de 6 à 7 semaines, filtrer, puis mettre en bouteilles.

Pâté de ragondin

Temps de préparation : 30 minutes
Temps de cuisson : 60 minutes

Ingrédients (pour 10 personnes) :
- 1 kg de chair de ragondin
- 1 kg de poitrine de porc
- barde de lard
- 3 oeufs
- 1 verre à liqueur de cognac
- 1 oignon
- 30 g de sel
- 10 g de poivre

Préparation de la recette :

Désosser le ragondin. Passer ensuite au hachoir les viandes (ragondin + poitrine). Ajouter au hachis les autres ingrédients, bien malaxer.
Barder la terrine, ajouter le hachis, recouvrer de barde.
Fermer la terrine et mettre au four à 180°C (thermostat 6) pendant 1 h 30.
Laisser refroidir, mettre au frigo et attendre si possible 2/3 jours avant de déguster la terrine.
Peut se réaliser avec du lièvre ou du lapin.

Pâté de merle

CUISSON :
deux à trois heures (thermostat 3-4)

PRÉPARATION :
Commencez par laisser dans un endroit frais, pendant vingt-quatre heures environ, les merles plumés et vidés que vous comptez utiliser. Puis coupez les têtes et les pattes que vous jetez, et désossez entièrement les oiseaux.

Pesez la chair ainsi obtenue, et ajoutez-y autant de filet de porc, autant de foie de porc, et autant de gras de porc. Coupez le tout en petits morceaux, et placez-le dans un récipient en terre ou en verre. Salez légèrement, versez dessus un peu d'eau de vie , ajoutez quelques grains de genièvre et du poivre moulu (20 g de sel et 5 g de poivre par kilo de viande).

Laissez macérer dans un endroit frais ou au réfrigérateur pendant 24 h. Ce laps de temps passé, durant lequel vous aurez de temps à autre brassé le tout, retirez les grains de genièvre et hachez à la moulinette. Évitez la moulinette électrique, qui réchauffe la chair, et risque de fausser le goût.

Goûtez, rectifiez éventuellement l'assaisonnement, puis tapissez de bardes de lard une terrine pouvant aller au four et versez-y le hachis. Couvrez-le avec une barde de lard, fermez la terrine avec son couvercle. Un peu de pâte, faite de farine et d'eau, vous permettra de le rendre tout à fait étanche.

Placez enfin votre terrine dans un plat allant au four et contenant de l'eau jusqu'à mi-hauteur environ. Laissez cuire deux à trois heures (thermostat 3-4). Quand la cuisson est terminée, une aiguille, plantée dans le pâté, doit ressortir nette. Prenez donc soin de contrôler la cuisson de temps en temps.

Un pâté de merles réussi doit être moelleux. Vous pouvez, à la place de l'eau de vie , utiliser un peu de liqueur de myrte.

pâte de foulque (poule d'eau)

pour 4 personnes comptés 3 foulques

ingrédients :
6 carottes,
thym ,
olives noires avec noyaux (pas grecques),
4 gousses d'ail
8 petit oignons genre échalotes

Un bon vin rouge assez tannique cotes du Rhône ,cotes rôties, pic st loup
pelez les foulques comme un lapin, conservez les magrets, les cuisses,jetez les carcasses.
LA veille, mettre les morceaux dans un plat ou une jarre avec un filet de vinaigre de vin.
Le lendemain , essuyez les morceaux avec du sopalin dans une cocotte faire roussir les morceaux suivant les régions beurre ou huile pas d'importance si beurre un peu d'huile pour éviter que le beurre noircisse.
Des coloration , retirer les morceaux jeter le jus de cuisson remettre matière grasse , rajouter les morceaux et saupoudrer de farine,faire roussir , ajouter le vin rouge, soyez" généreux " ,faire évaporer l'alcool du vin environ 3mn,rajoutez de l'eau à hauteur des morceaux un peu en dessous, porter à ébullition , dés que ça bout mettre à petit feu frémissant , ajouter les carottes coupées en lamelles, le thym , l'ail , les oignons,couvrir à demi faire cuire environ 45 MN , 15 mn avant rajouter les olives noires, si besoin rajouter un peu d'eau en cours de cuisson , la sauce doit etre onctueuse.
Servir avec des patates bouillies à l'eau.
Utiliser le même vin pour le service.

Oiseaux sans tête
(paupiettes)

Temps de préparation : 20 minutes
Temps de cuisson : 60 minutes

Ingrédients (pour 4 personnes) :- 4 oiseaux sans tête
- 3 boites de tomates pelées
- 1/2 courgette
- 1/2 aubergine
- 1 grosse carotte
- 1 oignon
- sel, poivre
- basilic, origan, estragon, paprika, ail
- Crème fraîche
- Maïzena

Préparation de la recette :

Faire rissoler légèrement les oiseaux dans une casserole avec un petit peu de beurre.
Ensuite, ajouter les boites de tomates pelées, la 1/2 courgette, la 1/2 aubergine, la carotte, l'oignon et les épices.
Laisser mijoter à feu moyen pendant environs 1 h 30 en remuant de temps en temps.
Lorsque le tout est cuit, y verser un petit peu de crème fraîche pour adoucir et si la sauce est trop liquide, la lier avec un petit peu de maïzena.

Anguille au cidre

Temps de préparation: 10 minutes
Temps de cuisson: 25 minutes

Ingrédients:

- <u>Anguille</u> (2 pièces)
- <u>Lard</u> maigre (demi-sel) (300 grammes)
- Oignon blanc (250 grammes)
- Beurre (150 grammes)
- <u>Cidre</u> (2 litres)
- Bouquet garni (1 bouquet)

Préparation:

Vider et étêter les anguilles puis les couper en tronçons. Essuyer, frotter au sel et poivre et rouler les anguilles dans la farine.

Faire revenir les tronçons d'anguilles dans une sauteuse avec la moitié du beurre et à feu moyen. Quand la farine est blonde, retirer et réserver.

Dans une sauteuse, mettre le reste de beurre, le lard blanchi et coupé en petits dés et les oignons.

Faire revenir 10 minutes en retournant souvent.

Remettre les morceaux , mouiller aux 3/4 avec le cidre porté à part à frémissement ; ajouter le genièvre enflammé puis le bouquet garni.

Laisser cuire à feu doux pendant 15 minutes en retournant 2 ou 3 fois.

Carpe au four

Temps de préparation : 10 minutes
Temps de cuisson : 20 minutes

Ingrédients (pour 4 personnes) :
- 1 carpe maximum de 3,5 kg
- 1 citron vert
- 1 tomate
- 2 oignons
- de l'huile

Préparation de la recette :

Faites préchauffer votre four à 180°C, thermostat 6. Assurez-vous que le plat puisse contenir la carpe sinon coupez-lui la tête :)

Prenez votre carpe vidée et si besoin écaillée. Dans le ventre de celle-ci, mettez la tomate et le citron vert que vous aurez préalablement coupés en tranches.

Epluchez et émincez vos oignons (près de l'évier faites couler de l'eau froide et allumez une bougie pour ne pas pleurer

Versez un peu d'huile au fond de votre plat pour éviter que la carpe n'accroche à la cuisson. Ajoutez vos oignons de manière à obtenir un nid douillet pour accueillir votre carpe.

Posez votre carpe, enfournez votre plat et surveillez la cuisson toutes les 15/20 min car selon votre type de four et le poids de la carpe le temps de cuisson varie il faut juste que la chair se décolle aisément de l'ossature.

Pour accompagner cette carpe, je propose un petit riz curry avec des haricots vert en fagot (de la poitrine fumée pour lier vos fagots).

Pour la boisson il va sans dire qu'un petit vin blanc est recommandé, sinon un rosé fera l'affaire.

Beignets de fleurs d'acacia

Temps de préparation : 15 minutes
Temps de cuisson : 3 minutes

Ingrédients (pour 4 personnes) :

- 12 grappes de fleurs d'acacia
- 60 g de sucre
- 5 cl de rhum
- 125 g de farine
- 1 oeuf "entier"
- sel
- 1 cuillère à soupe de sucre
- 1 cuillère à soupe d'huile
- 1 cuillère à café de levure

- 1 dl d'eau

Préparation de la recette :

Lavez les 12 grappes de fleurs d'acacia, puis enlever les fleurs et les mettre dans un saladier avec le sucre + le rhum.
Mélanger régulièrement pendant 2 heures.
Préparation de la pâte : mélanger la farine + l'oeuf + le sel + le sucre + huile + la levure + l'eau et laissez reposer durant 2 heures également.
Mélangez les fleurs + la pâte et faire cuire dans de l'huile bien chaude. Si le mélange pâte + fleurs est trop liquide, rajoutez de la farine.

pain du Nord

Temps de préparation : 30 minutes

Temps de cuisson : 15 minutes

Ingrédients (pour 4 faluches) :
- 500 g de farine
- 15 cl d'eau
- 15 cl de lait
- 1 cuillère à café de sel
- 1 cuillère à café de sucre
- 2 cuillères à soupe d'huile d'olive
- 10 g de levure de boulanger ou 7 g de levure sèche

Préparation de la recette :

Délayer la levure dans le lait tiède, l'y laisser un peu se réactiver s'il s'agit de levure sèche (levure déshydratée, pas de levure chimique !).
Mélanger le lait et l'eau (tièdes), l'huile d'olive, le sucre et le sel.

Sur le plan de travail ou dans un saladier, creuser un puits dans la farine, y verser le liquide et malaxer le mélange jusqu'à obtenir une pâte souple qui ne colle plus aux mains.

Bien la pétrir en y faisant pénétrer de l'air.
Former une boule et la laisser reposer pendant 3h,

recouverte d'un linge, à minimum 18°C ; la pâte va lever et doubler de volume.

Pétrir la pâte à nouveau et former des boules égales, 4 pour des faluches taille sandwich, 6 pour des petites faluches ; on peut faire jusqu'à 8-10 mini-faluches. Aplatir ces boules avec les paumes de mains, puis avec le rouleau pour former des disques fins de moins d'1 cm d'épaisseur.

Laisser reposer encore 1h.

Préchauffer le four à 180°C (thermostat 6).
Avant d'enfourner, badigeonner d'huile d'olive et saupoudrer de farine.

Cuire 15 min au four, la croûte doit rester fine et pâle. Retourner les faluches pour laisser l'humidité s'en échapper.

Ficelle picarde

Temps de préparation : 30 minutes
Temps de cuisson : 35 minutes

Ingrédients (pour 12 crêpes) :

- 180 g de farine
- 6 tranches de jambon cuit
- 250 g de champignons de Paris
- 3 échalotes
- 100 g de beurre
- 3 œufs, 2 jaunes d'œufs
- 75 cl de lait
- 25 cl de crème fraîche
- 75 g d'emmental râpé
- 1 pincée de noix de muscade râpée
- sel fin
- poivre blanc du moulin

Préparation de la recette :

Préparez la pâte à crêpes avec 150 g de farine, les œufs entiers, les jaunes d'œufs, la moitié du lait et 1 pincée de sel.
Laissez-la reposer un moment avant de faire cuire les crêpes et de les réserver.
Nettoyez et lavez les champignons. Coupez-les en fines lamelles. Pelez les échalotes et hachez-les menu.
Faites fondre les échalotes dans 50 g de beurre.

Ajoutez les champignons. Salez et poivrez
Ajoutez la noix de muscade.

Laissez cuire, à couvert, sur feu doux, pendant 20 minutes.
Confectionnez un roux avec 30 g de beurre et 30 g de farine. Laissez-le refroidir, puis incorporez-y le reste de lait, bouillant.
Ajoutez 10 cl de crème. Enfin, mélangez les champignons à la sauce obtenue.

Garnissez chaque <u>crêpe</u> de cette sauce. Déposez dessus une demi-tranche de jambon. Recouvrez de sauce. Roulez ensuite la crêpe et déposez-la dans un plat beurré. Une fois toutes les crêpes garnies, nappez avec le reste de crème fraîche.

Saupoudrez de <u>fromage</u> râpé. Parsemez avec le reste de beurre, en noisettes.

Faites gratiner, sous le gril du four, pendant 8 minutes. Servez aussitôt.